FACULTÉ DE DROIT DE PARIS.

THÈSE

Pour la Licence,

SOUTENUE

Par J.-L.-V.-A. de Forcade la Roquette,

Né à Paris.

AOUT 1841.

THÈSE
POUR LA LICENCE.

L'acte public sur les matières ci-après sera soutenu le Lundi 23 Août 1841,
à onze heures,

Par Jean-Louis-Victor-Adolphe DE FORCADE LA ROQUETTE,
né à Paris.

Président, M. DURANTON, Professeur.

Suffragans :
- MM. BLONDEAU,
- DEMANTE,
- OUDOT,   Professeurs.
- FERRY,   Suppléant.

Le Candidat répondra en outre aux questions qui lui seront faites sur les autres
matières de l'enseignement.

Paris.

IMPRIMERIE DE LEBÈGUE,
RUE DES NOYERS, N° 8.

1841.

A MON PÈRE, A MON FRÈRE.

JUS ROMANUM.

DE SUIS ET LEGITIMIS.

AD SENATUSCONSULTUM TERTULLIANUM. (D. XXXVIII, 16 et 17.)

NOVELLÆ 118 *et* 127, *cap.* 1.

Legitimarum hæreditatum jus, initio, condidit lex Duodecim Tabularum ; quam, strictis regulis cohærentem, æquitatis causâ et convenientibus temperamentis prætores, senatusconsulta, constitutiones ad necessitatem temporum accommodaverunt, donec Justinianus recentiori Novellarum jure, et simpliciora et meliora instituerit.

Primùm quandò legitimis hæreditatibus locus sit ; deinde qui legitimi hæredes sint, inspiciemus.

QUANDO LEGITIMIS HÆREDITATIBUS LOCUS SIT.

Apud legem duodecim tabularum reperire est : Pater familias uti legassit super familiâ pecuniâque suâ, ita jus esto. Tum igitur ab intestato deferuntur hæreditates, cùm defuncti nullum est testamentum, et intestatus proprè dicitur, ut ait Ulpianus, qui cùm posset testamentum facere, testatus non est. Verùm tamen, cùm non omne valeat testamentum, non tandummodo is intestatus dicitur qui testamentum non fecit, sed etiam cujus ex testamento hæreditas adita non est, sive injustum, sive ruptum, sive irritum, sive innofficiosum sive destitutum fuerit testamentum.

Impuberes etiam, furiosos, imò captivos, tum jure postliminii, tum lege Corneliâ, pro intestatis accipere debemus.

Filius familias autem et servus et etiam pater familias cujus memoria damnata est, intestati dici non possunt, quorum nulla hæreditas.

Hæreditas ab intestato defertur, ex quo certum est neminem ex testamento hæredem extiturum. Nunc igitur a mortis tempore, nunc ab hæredis instituti repudiatione, qui sint sui hæredes inspiciendum, atque fieri potest ut defuncti filius, hærede deliberante, moriatur, et nepos, hærede repudiante, admittatur.

QUI LEGITIMI HÆREDES SINT.

Lege duodecim tabularum, jus legitimæ hæreditatis familiâ nititur. Familia autem aut propriè dicitur aut communi jure latiùs extenditur, ut rectè Ulpianus definit : « Jure proprio familiam dicimus, plures » personas quæ sunt sub unius potestate aut naturâ aut jure subjectæ. » — Communi jure, familiam dicimus omnium agnatorum, nam etsi » patre familias mortuo, singuli singulas familias habent, tamen » omnes qui sub unius potestate fuerunt, rectè ejusdem familiæ appel- » lantur. »

Quapropter ad suos hæredes primo loco, tum secundo ad agnatos proximos ex lege duodecim tabularum intestatorum hæreditates pertinent, deinde ad gentiles, quorum jus à primis principibus in desuetudinem abiit.

Florente igitur jure romano, legitimi tantùm hæredes sunt vel sui, vel agnati.

De suis. — Jure civili, sui hæredes sunt, qui tempore delatæ hæreditatis, in potestate defuncti erant, nullo parente antecedente. Non solummodò igitur filii possunt sui hæredes esse, sed etiam nepotes neptesve et deinceps, dummodò præcedentes liberi patriâ potestate exierint.

Imò etiam nepos in ejus locum succedit qui nunquam in potestate defuncti fuit, videlicet : si filius meus, vivo patre meo, ab hostibus captus fuerit, et ibi me patre familias facto decesserit. Quanquàm enim in potestate meâ nunquam fuerit filius meus, in ejus locum nepos ad hæreditatem meam suus hæres veniet.

Si inter nepotes et filios, aut inter nepotes ex pluribus filiis susceptos fit concursus, hæreditas in stirpes, non in capita dividitur.

Suos hæredes accipere debemus liberos non solùm naturales sed etiam adoptivos non solum natos sed etiam conceptos.

Sui hæredes jure civili sunt et necessarii, ita ut in eis etiam ignorantibus statìm à morte parentis quasi continuetur dominium.

Suis hæredibus tanquam necessariis successio non est.

Quoniam familiæ præsertim consulebat, cùm hæreditatem deferret, lex duodecim tabularum consequens fuit ut minimâ capitis diminutione et familia et hæreditatis jus simul amitterentur.

Sunt autem et alii liberi quos jam non suos sed ad exemplum suorum tum prætores tum constitutiones vocant; de quibus, quoniam id propositum non est, sermo non habendus, quos tamen commemorare non supervacuum erat.

De agnatis. — Hi sunt agnati, qui quanquàm singuli singulas familias habeant, tamen sub unius potestate fuerunt.

Lex duodecim tabularum sine ullo sexûs discrimine agnatis hæreditatem deferebat. Cùm autem Voconia lex, ne mulieres ditescerent, eas à testamentariis hæreditatibus arceret, voconianâ ratione Prudentes agnatas etiam à legitimâ hæreditate nisi consanguineæ essent, prohibendas esse sanxerunt. Effectum est igitur ut inter omnes agnatos distinguerentur consanguinei, qui nullo sexûs discrimine hæredes erant; cæteri autem agnati, si virilis sexûs erant, tantùm admittebantur.

Non omnibus simul agnatis dat lex hæreditatem, sed iis qui tùm proximo gradu nituntur, cùm certum esse cæperit aliquem intestatum decessisse. Inter agnatos autem ejusdem gradûs per capita dividitur hæreditas.

Si ex pluribus agnatis quidam non adeunt hæreditatem, horum portio accrescit reliquis qui adierint, et licet ii decesserint antequàm accresceret, hoc jus ad hæredes eorum pertinet. Si verò invicem substituti fuissent hæredes, alia causa foret, cùm non adeuntis portio hæredibus substituti defuncti non tribueretur; jus enim substitutionis defertur ipsi personæ quæ substituta est.

Agnati non sunt necessarii hæredes, quoniam hæreditatem adire debent sed ita adeunt ut nec tempus præfinitum nec solennitates observandæ sint.

In hæreditate agnatorum successio non est; quem ad corrigendum juris rigorem paulisper introductum fuit ut proximus agnatus antequam adiret, posteriori hæreditatem in jure cedere posset.

Jus agnationis minimâ capitis diminutione quoque deperditur.

DE SCC. TERTULLIANO ET ORPHITIANO.

Quandoquidem ex lege duodecim tabularum qui sint legitimi hæredes jam dudùm patet, nec matres filiis nec matribus filios succedere intelligimus, quoniam nec sui nec agnati inter se habeantur; neque enim mater suos habet, neque filii matris sed patris familiam sequuntur.

Hanc igitur juris iniquitatem patiebantur, nisi mater in manum mariti conveniret et hâc conventione suorum filiorum quasi consanguinea et ideò agnata efficeeretur.

Novum autem jus naturæ magis consentanum senatus consultis Tertulliamo et Orphitiano introductum fuit.

De Tertulliano primùm loquamur. Claudius imperator uni matri, in solatium liberorum amissorum, legitimam eorum hæreditatem detulerat. Hoc privilegium in publicum jus evasit cùm Tertullianum senatus consultum, sub Antonino pio latum, plenissimè matrem non aviam ad tristem filiorum successionem vocaverit.

Jus liberorum mater habet, sive ingenua, sive libertina, suæ potestatis an sub alienâ potestate sit, dummodo ingenua tres liberos, libertina quatuor ex diversis partibus, post plenum tempus, viventes pepererit. Neque tamen hoc beneficium mater consequi potest, nisi tutorem filiis impuberibus petierit.

Non enim omnibus liberis mater succedit, sed iis qui sui juris sunt, quià hi tantùm legitimos hæredes habent.

Nec primo loco mater succedit, cui præferuntur primùm liberi naturales et adoptivi, emancipati vel non, quos habebat defunctus et deinde defuncti pater nisi adoptatus ipse ab agnato excludatur. Præferuntur et consanguinei, ita tamen ut sorores, deficientibus fratribus cum matre concurrant.

Objicitur autem mater omnibus aliis, uno tamen excepto casu, quo ab avo manumissore propter patrem mater excluditur.

Fit igitur senatusconsulto Tertulliano, ut filiis matres, non ut matribus filii succedant; quod Orphitiano senatusconsulto mox cautum fuit.

Ex eo senatusconsulto, matris defunctæ hæreditas ad omnes liberos justis nuptiis ortos vel vulgò quæsitos pertinet, sed non ad nepotes.

Oportet tamen ut sui juris mater fuerit, cùm filiæ familias et multò magis ancillæ nulla hæreditas esse possit.

In hæreditate matris filii agnati existimantur, et cùm suos non habeat mater et omnibus aliis agnatis filii præferantur, primo loco succedunt. Mater tantùm defunctæ à senatusconsulto Tertulliano vocata cum nepotibus suis concurrit, nisi consanguinei obstent.

Plurimùm à jure duodecim tabularum, jus novum senatusconsultorum differt : quippe et successionem esse placuit et minimâ capitis diminutione hæreditatem non amitti consequens fuit.

DE JURE NOVELLARUM.

Jus antiquum, quod ad legitimas hæreditates spectat, penitùs renovavit Justinianus : sublatis enim inter agnatos et cognatos, inter virilis et feminei sexûs personas omnibus differentiis, tres ordines hæredum distinguit, scilicet : descendentium, ascendentium et ex latere cognatorum.

Descendentes sive ex masculorum genere sive ex fæminarum, sive

sui sive alieni juris sint, ascendentibus et ex latere cognatis præpo-
nuntur, licèt parens in potestate defunctus fuerit. Inter liberos cujus
cumque gradûs fit concursus, verùm tamen si filii cum nepotibus aut
nepotes ex pluribus filiis simul vocantur, in stirpes dividitur hæreditas.

Si defunctus descendentes non reliquerit hæredes, omnibus ex
latere cognatis ascendentes præferuntur, exceptis fratribus et
sororibus ex utroque parente conjunctis.

Tertio ordine, cognati ex latere proximi vocantur.

Hoc novo hæreditatum jure ea præcipue notanda dicam, scilicet :

Fratres et sorores ex utroque parente conjunctos objici fratribus et
sororibus ex uno tantùm parente conjunctis, sive patre sive matre.

Hæreditatem solis ascendentibus delatam in duas partes ex æquo
dividi, quarum alia ad paternos alia ad maternos ejusdem gradûs
pertinet.

Fratrum præmortuorum filios ab ascendentibus excludi ; quod
parùm consequens erat, quoniàm fratres cum ascendentibus con-
currunt, cum fratribus autem fratrum defunctorum filii.

Quod certe mutandum erat et ab ipso Justiniano mutatum fuit
(Novella cxxvii), ita ut fratrum filii in locum patris cum ascendentibus succederent.

Ex his intelligimus Justinianum, jàm non prætoris modo, jus
antiquum ad æquitatem fingendo accommodavisse, sed prorsùs aliquid
novum, in aliud propositum condidisse. Eæ sunt enim Novellæ quæ
non solùm hæreditates sed et ipsius familiæ jus ab imis fundamentis
renovaverunt ; neque aliâ sanè materiâ quo progressu et quibus
consiliis ad jus gentium conversum fuerit vetus romanorum jus civile,
clariùs apparet.

DROIT FRANÇAIS.

DES DIVERS ORDRES DE SUCCESSION.

(Code civil , 732 — 773.)

Dispositions générales.

Nous venons d'étudier, dans ses modifications diverses, le Droit romain, en matière d'hérédités *ab intestat*. En France, la loi des successions a subi des transformations plus rapides et plus complètes encore. Dans les deux législations, l'ordre naturel des héritiers légitimes est sacrifié d'abord aux intérêts politiques de deux aristocraties puissantes et est enfin rétabli, à Rome par la novelle 118, en France par le Code civil.

Trois législations différentes, par le but et par les principes, ont réglé tour à tour notre droit de succession : les coutumes, la loi du 17 nivôse an II, le Code civil. Sous l'empire des coutumes, le droit d'aînesse, l'exclusion des filles, la distinction des biens formaient généralement les traits principaux d'une loi des successions, liée aux institutions féodales. Le but évident de cette loi était de conserver les grandes fortunes et de maintenir les biens dans les familles. Aussi les biens divisés suivant leur nature, en biens meubles et immeubles, nobles et roturiers, suivant leur origine, en biens paternels et maternels, propres et acquets, passaient, d'après ces distinctions et en vertu de vocations spéciales, à des héritiers d'un ordre et d'un degré différent.

La révolution renversa ce système de succession, et la loi de nivôse, poursuivant un but nouveau, prépara la division presque infinie des fortunes.

Les lois successorales d'un peuple sont trop intimement liées à ses principes politiques, pour ne pas changer avec eux. La législation coutumière dérivait des institutions féodales; la révolution avait amené la loi de nivôse, à l'époque où fut rédigé le Code civil, le mouvement de réaction révolutionnaire ayant cessé, une loi nouvelle était devenue nécessaire. Ce n'est pas qu'on voulût revenir au Droit coutumier; les articles 732, 745 le condamnent formellement, « la loi ne considère » ni la nature, ni l'origine des biens, pour en régler la succession. » — « Les enfans ou leurs descendans succèdent à leur père, mère, » aïeuls ou aïeules, sans distinction de sexe, ni de primogéniture. » Mais on sentait l'exagération de la loi de nivôse, qui favorisait, outre mesure, le fractionnement de la propriété. Peut-être serait-il difficile de préciser le but nouveau que se proposèrent les rédacteurs du Code. Placés sur la limite d'une époque transitoire, entre la révolution et l'empire, ils étaient incontestablement dominés par les préoccupations de l'avenir, et paraissent avoir été divisés dans leurs vues politiques. Quoiqu'il en soit, il résulte de leurs travaux même, qu'ils adoptèrent le principe de la division des propriétés, mais en introduisant d'importantes restrictions à la loi de nivôse. En outre ils paraissent avoir consulté, plus peut-être qu'aucun des législateurs qui les avait précédés, l'affection présumée du défunt, pour régler les droits héréditaires. « La loi des successions, disait l'orateur du Gouvernement, doit être » le testament présumé de celui qui n'a pu valablement exprimer sa » volonté.... il importe de se pénétrer de toutes les affections natu- » relles et légitimes, lorsqu'on trace un ordre de succession. » Telles sont les idées générales qui ont présidé à la confection de la loi qui nous occupe.

Dans une société bien organisée, le mariage seul doit constituer la famille et créer la parenté civile. Dans les principes du Code, la parenté civile seule donne le titre d'héritier et investit des droits de succession régulière. Les descendans, les ascendans, les collatéraux forment les trois ordres d'héritiers choisis par la loi, dans la famille (731.)

Les descendans, à quelque degré qu'ils soient, semblent appelés par la nature à succéder à leurs ascendans; aussi sont-ils toujours préférés aux deux autres ordres d'héritiers.

Entre les ascendans et les collatéraux la loi n'a pas établi d'une manière aussi absolue la préférence des ordres. De plus, le principe qui appelle les héritiers, suivant la proximité de parenté, est modifié par le principe de la division en deux lignes, emprunté à la loi de nivôse. Ce principe est sage, car la fortune du défunt se compose, en général, des biens paternels et des biens maternels. Nous avons vu que le Droit coutumier, appliquant trop rigoureusement cette distinction, créait des difficultés sans nombre. En Droit romain, au contraire, la novelle 118, sans tenir compte de cette double origine des fortunes, attribuait la succession entière aux plus proches parens de la ligne paternelle ou maternelle. Pour éviter l'injustice du Droit romain et les embarras du Droit coutumier, les rédacteurs du Code ont établi, dans toute succession échue à des ascendans ou à des collatéraux, un partage égal entre les parens de la ligne paternelle et ceux de la ligne maternelle. D'après ce systême, on n'a égard à la proximité de parenté, que dans chaque ligne, et la dévolution d'une ligne à l'autre, n'a lieu que dans le cas où il ne se trouve aucun ascendant ou collatéral de l'autre ligne.

La division en deux lignes a fourni au législateur le moyen de détruire une autre injustice de l'ancien Droit : le privilége du double lien. La novelle 118 et plusieurs coutumes appelaient à la succession du défunt, les parens qui lui tenaient à la fois par le côté paternel et maternel, à l'exclusion des parens qui ne lui étaient unis que par un seul côté. La loi de nivôse et le Code civil, abolissant le privilége du double lien (733), ont établi que les parens utérins ou consanguins ne seraient pas exclus par les germains, mais qu'ils ne prendraient part que dans leur ligne.

La division en deux lignes une fois établie, les rédacteurs du Code n'ont pas admis la division entre les diverses branches de chaque ligne. Sur ce point important, ils ont levé les doutes que laissait encore la loi de nivôse, et sont rentrés absolument dans le principe qui règle les droits héréditaires, suivant la proximité de parenté.

La parenté civile résulte du lien du sang produit par le mariage, soit que plusieurs personnes descendent les unes des autres, soit qu'elles descendent d'un auteur commun. C'est par le nombre des générations que se mesure la proximité de parenté. Dans le langage du Droit, chaque génération s'appelle un degré, et la suite des degrés s'appelle une ligne. En rapprochant ces notions des principes déjà posés, on distingue trois lignes correspondantes aux trois ordres d'héritiers : les lignes descendante et ascendante, toutes deux directes, et la ligne collatérale.

DE LA REPRÉSENTATION.

En principe, le parent du degré le plus proche est appelé à succéder. Mais ce principe conduirait à des conséquences iniques, si les droits qui devaient s'ouvrir au profit d'un des héritiers présomptifs, étaient, par sa mort, ravis à ses descendans. La loi a donc admis une fiction qui, faisant monter les descendans au rang de leur père ou aïeul prédécédé, leur attribue les droits qui eussent été acquis à celui-ci, s'il eût vécu. Telle est la représentation admise par le Droit romain, par la plupart des coutumes et enfin par le Code civil.

En ligne descendante, la représentation a lieu à l'infini. « Toute loi » contraire, dit l'orateur du Gouvernement, serait impie et contre » nature. »

En ligne ascendante, aucun motif n'autorisait à l'admettre.

En ligne collatérale, la position favorable des frères et sœurs l'a fait établir au profit de leurs descendans, neveux ou petits-neveux du défunt, et ici le Code a étendu les dispositions de la novelle 118, qui accordant la représentation au fils du frère ou de la sœur, la refusait au petit-fils. Mais la crainte de soulever des embarras de toute espèce et sans doute aussi de fractionner outre mesure les successions, a empêché de l'étendre aux autres collatéraux. Cette restriction introduite par le Code civil, est une différence essentielle avec la loi de nivôse, qui admettait la représentation, par l'ordre entier des collatéraux.

Si la mort du père ne doit pas nuire à ses descendans, il est juste aussi qu'elle ne puisse devenir pour eux une occasion de profits inespérés. Aussi, lorsque les enfans ou les frères du *de cujus* sont prédécédés, la réprésentation est admise entre leurs descendans de degrés égaux. Ce principe est d'une haute importance toutes les fois que les enfans ou frères ont laissés un nombre inégal de descendans; car la représentation produit alors sont effet ordinaire, et entraine le partage par souches.

Mais si les enfans ou frères étaient renonçans ou indignes, leurs descendans seraient appelés de leur chef et succéderaient par tête, quoiqu'ils fussent issus en nombre inégal de souches différentes. Dans ce cas, en effet, la représentation ne peut avoir lieu; car l'article 744 pose en principe, qu'on ne représente pas les personnes vivantes, mais seulement les personnes mortes naturellement ou civilement. Ce principe tient à l'essence même de la représentation, qui ne peut en aucune manière faire monter le descendant inférieur à un degré qui n'est pas vacant.

Le représentant tenant ses droits de la loi et non du représenté, il est de principe qu'un descendant puisse représenter celui dont il n'est pas héritier, soit qu'il ait renoncé à sa succession, soit qu'il en ait été déclaré indigne.

La représentation a pour effet d'introduire le partage par souche.

Après le partage par souche, vient le partage par tête, entre descendans de degrés égaux. Mais la réprésentation étant admise à l'infini, il peut se faire qu'elle profite à la fois à plusieurs générations de descendans. La souche primitive se divise alors en plusieurs branches, et chaque branche devient souche relativement aux branches inférieures. Dans ce cas, il n'y a partage par tête, qu'entre les membres de la même branche (743).

DES SUCCESSIONS DÉFÉRÉES AUX DESCENDANS.

Pour la succession des descendans, les principes actuels sont fort simples : c'est le partage égal par tête, quand ils sont appelés de leur chef, qu'ils soient ou non au premier degré : c'est le partage égal par souche, quand ils succèdent tous, ou en partie, par représentation.

DES SUCCESSIONS DÉFÉRÉES AUX ASCENDANS
ET AUX COLLATÉRAUX.

S'il était facile, en consultant la nature et la raison, de régler les droits des descendans, les motifs de préférence étaient loin d'être aussi évidens entre les ascendans et les collatéraux. C'est donc ici que le législateur a dû surtout se pénétrer de ses raisons déterminantes : l'affection présumée du défunt, la proximité de parenté, en les combinant avec le principe de la division en deux lignes.

Conformément à ses idées, il a choisi le père et la mère, les frères et les sœurs, et les descendans de ceux-ci, dont il a fait une sorte de classe privilégiée entre les ascendans et les collatéraux. Après les descendans ne sont-ils pas, en effet, nos parens les plus proches et les plus chers? Aussi dans le système du Code, excluent-ils tous les autres parens; mais ils concourent ensemble, suivant les proportions établies par l'article 751.

Entre frères et sœurs, le principe est l'égalité du partage, sauf l'application de l'article 733, qui attribue des droits plus étendus aux frères germains.

Si, a défaut de frères germains et de père et mère, il y a des frères d'un seul côté, le principe de la division en deux lignes cède à la faveur due au lien étroit de la fraternité, et les frères utérins ou consanguins excluent même dans l'autre ligne tous les parens, ascendans ou collatéraux.

Au contraire, si à défaut de frères et sœurs ou descendans d'eux, le père ou la mère survivent l'un à l'autre, la loi maintient le principe de l'article 733 et appelle les parens de l'autre ligne. Mais pour satisfaire à l'affection et à la nature, le législateur attribue dans ce cas, au père ou à la mère survivant, l'usufruit du tiers des biens auxquels il ne succède pas en propriété (754).

S'il n'y a ni père ni mère, ni frères ou sœurs, ni descendans de ceux-ci, les ascendans sont préférés dans chaque ligne, aux collatéraux.

En ligne ascendante et collatérale, le partage entre les parens de même degré se fait comme en ligne descendante, par égales portions et par tête.

Dans une législation qui choisit les héritiers dans la famille, il semble que le droit de succéder doive s'étendre aussi loin que la famille elle-même. Mais la difficulté d'apprécier à de longues distances des prétentions incertaines à une parenté lucrative, ont déterminé le législateur à ne pas admettre le droit de succéder au-delà du douzième degré. Mais s'il y a des parens au degré successible dans une ligne, ils jouissent du bénéfice de la dévolution, et les droits de la famille l'emportent alors sur le principe de la division en deux lignes (755).

Tel est le système général de succession légitimes et régulières établi par le Code civil. Si on le compare au système du droit coutumier, les principes actuels paraissent tout à fait nouveaux ; il ne faut pas croire pourtant qu'ils aient été posés pour la première fois par le Code civil, et datent seulement de 1803. Ils sont trop près de la nature pour n'avoir pas été reconnus depuis long - temps, et déjà nous avons eu l'occasion de voir qu'ils existaient en grande partie dans le dernier état du Droit romain. On y retrouve principalement la division en trois ordres d'héritiers, et l'égalité du partage entre héritiers de degrés égaux. D'un autre côté, la loi de nivôse fournissait aussi d'importans principes : la division en deux lignes, l'abolition du privilége du double lien. Mais si le Code se rapproche souvent de ces deux législations, il en diffère aussi sur des points essentiels. Il s'est écarté du Droit romain en introduisant le partage en deux lignes, et en rétablissant les droits des frères et sœurs utérins et consanguins ; il s'est écarté de la loi de nivôse en bornant la représentation en ligne collatérale aux descendans des frères et sœurs, et aussi, suivant certains auteurs, en repoussant les subdivisions après la grande division en deux lignes. Les rédacteurs du Code ont donc puisé à une double source : mais par une combinaison habile et des innovations heureuses, ils sont arrivés à un système qui satisfait d'une manière plus complète aux droits de la nature et aux intérêts de la société.

DE LA SUCCESSION DÉFÉRÉE A L'ASCENDANT DONATEUR.

L'article 747 appelle l'ascendant donateur à succéder aux choses par lui données à son descendant, mort sans posterité : disposition également plausible, soit que le législateur ait voulu offrir une consolation à la douleur paternelle, soit qu'il ait cru devoir encourager les ascendans par un privilége utile.

Le Droit romain et le Droit coutumier nous offrent, sous des principes divers, l'exemple d'un droit tout à fait semblable. A Rome, l'ascendant qui constituait une dot, jouissait d'un droit de retour qui, considéré comme l'effet d'une condition résolutoire, faisait rentrer les biens libres et sans charges dans le patrimoine du donateur. Dans nos coutumes, le droit de retour n'était qu'un simple droit de succession, qui attribuait à l'ascendant la chose par lui donnée, comme tout autre bien héréditaire, grevé des dettes et charges consenties par le défunt.

Les principes du Droit coutumier ont incontestablement prévalu dans l'article 747, et l'ascendant donateur a un droit de succession, mais un droit particulier.

Héritier *ab intestat*, sans réserve légale, il ne vient qu'à défaut de légataires.

Héritier légitime, il est saisi et obligé aux dettes même *ultrà virès*.

Appelé, par une vocation toute spéciale, à des bien déterminés (*rei singulari*), il succède à l'exclusion de tous autres, quelque soit son degré; mais il n'a pas le droit d'accroissement.

Ajoutons que ces biens déterminés, auxquels succède l'ascendant donateur, forment une succesion tout à fait indépendante, qui ne doit pas entrer dans le calcul de la réserve et de la quotité disponible, et que pourtant cette succession à part contribue aux dettes dans la proportion de l'actif prélevé sur la masse héréditaire, acquitte seule les legs portant sur les biens qui la composent, et proportionnellement ceux qui portent sur la généralité des biens du défunt.

D'après ces principes, le retour légal au profit de l'ascendant donateur diffère essentiellement du retour conventionnel (951), et l'intérêt de l'ascendant à stipuler les dispositions plus avantageuses de celui-ci, rend plus rare en pratique l'application de l'article 747.

Le droit de l'ascendant est subordonné à deux conditions : il faut 1° que le donataire soit mort sans postérité, ce qui doit s'entendre de la postérité légitime naturelle et adoptive ; 2° que les objets donnés se retrouvent en nature dans la succession.

L'article 747 règle d'une manière tout à fait insuffisante le droit de l'ascendant donateur. En présence des questions nombreuses et difficiles que soulève cet article, il importe de nous pénétrer des intentions et des motifs des législateurs, pour faire une application intelligente des principes qu'il a posés :

1° En se servant du mot dont le sens est le plus large en Droit (du mot *chose*), le législateur a montré suffisamment sa volonté d'étendre, autant que possible, le droit de l'ascendant, et par conséquent de l'appliquer aux meubles comme aux immeubles.

2° D'autre part, en exigeant que les biens se retrouvent en nature dans la succession, il a surtout manifesté la crainte que ce droit ne fît naître des contestations, et entendu en limiter l'exercice aux cas où il ne prévoyait pas de contestations sérieuses.

3° En s'écartant du principe des coutumes, pour accorder au donateur le prix non payé, disposition qui rappelle certaines idées romaines, et de plus en lui attribuant l'action en reprise, ce que nous étendons à l'action en nullité, en résolution, etc., il nous montre son intention de mettre le donateur, à l'égard des biens aliénés, au lieu et place du donataire.

DES SUCCESSIONS IRRÉGULIÈRES.

Nous avons vu que la parenté civile donnait seule un droit de succession régulière. En dehors de la famille, la loi ne reconnaît plus d'héritiers, mais seulement des successeurs aux biens.

En vertu de l'article 724, les héritiers ont la saisine, les successeurs aux biens doivent se faire envoyer en possession; mais le droit de transmission appartient aux uns comme aux autres.

Les enfans naturels, le conjoint, l'État sont appelés à la succession irrégulière.

De grands changemens ont été introduits par le Code civil dans cette matière importante. Les coutumes n'accordaient aux enfans naturels aucun droit de succession; ils pouvaient seulement demander des alimens. La législation intermédiaire (loi du 12 brumaire an ii), emportée par la réaction donnait aux enfans naturels les droits des enfans légitimes. Entre ces deux systêmes de rigueur outrée et de faveur excessive, le Code civil a déterminé, suivant de sages principes, les droits des enfans naturels. Non - seulement ils ont, comme sous les coutumes, droit à des alimens pendant la vie de leurs père et mère, mais ils ont de plus un droit de succession après leur décès. Ce droit ne saurait être étendu aux biens des parens de leurs père et mère; car ces parens sont étrangers aux enfans naturels.

Les droits des enfans naturels varient suivant leur position, qui peut être fort différente. S'ils sont légitimés (338) ou adoptés (Cour de Cassation, 28 avril 1841), ils ont les mêmes droits que les enfans légitimes, et par conséquent sont appelés à la succession régulière. Si, au contraire, ils sont incestueux ou adultérins, ils n'ont aucun droit de succession; seulement la loi leur accorde des alimens, droit vague qui cesse lorsque le père ou la mère leur ont fait apprendre un art mécanique, et qui, dans tous les cas, varie suivant certaines circonstances : la fortune des père et mère, le nombre et la qualité des héritiers légitimes. Mais entre les enfans naturels légitimés ou adoptés, et les enfans incestueux ou adultérins se placent les enfans naturels ordinaires, dont la filiation est prouvée par acte authentique. C'est de cette dernière classe d'enfans naturels que nous devons nous occuper exclusivement : eux seuls, en effet, jouissent d'un droit de succession irrégulière.

Ce droit n'est ni celui d'un héritier, ni celui d'un créancier, ni celui d'un légataire.

Ce n'est pas le droit d'un héritier : la loi s'en explique formellement (756).

Ce n'est pas le droit d'un créancier; car l'idée de simple créance primitivement proposée au Conseil-d'État, finit par être écartée.

Ce n'est pas non plus le droit d'un légataire. — En effet, indépen_damment de la différence dans la cause du droit, qui est ici la vocation de la loi et non la vocation de l'homme, indépendamment d'autres différences que nous ne prétendons pas signaler, il nous suffira de dire que le légataire universel peut être saisi, que le légataire universel n'a pas le droit d'accroissement, et que le légataire particulier ne contribue pas aux dettes, tandis que l'enfant naturel ne peut avoir la saisine, a le droit d'accroissement et contribue aux dettes.

Le droit de l'enfant naturel est donc tout à fait distinct du droit des autres intéressés à la succession. L'article 757 lui attribue une quote-part des biens de la succession, déterminée d'après la portion héréditaire des enfans légitimes. C'est lui accorder un droit de co-propriété avec les héritiers légitimes. De là nous pouvons conclure que les droits des enfans légitimes et ceux des enfans naturels ont des analogies importantes et des différences essentielles. Les uns et les autres peuvent exiger une part des biens en nature, intenter l'action en partage, attaquer les ventes faites avant partage; ils jouissent également du rapport et du droit d'accroissement, et ont droit à une réserve. Mais d'un autre côté, les enfans légitimes ont la saisine et continuent la personne, et en cela leurs droits diffèrent essentiellement de ceux des enfans naturels.

Maintenant quelle est la quotité des droits attribués à ceux-ci ? Cette quotité varie suivant la qualité des héritiers légitimes avec lesquels ils sont en concours. Mais dans tous les cas, la loi a pris pour base la portion qu'aurait eue l'enfant naturel, s'il eût été légitime, diminuée des deux tiers, de la moitié, du quart, suivant le degré de parenté qui unit le défunt à l'héritier légitime. De graves difficultés se présentent pour régler d'une manière exacte et toujours égale les droits des enfans naturels en concours avec des enfans légitimes. Pour éviter d'embarrassans calculs, en pratique, on considère d'abord tous les enfans comme légitimes, puis on effectue le partage en faisant la réduction des deux tiers sur les parts des enfans naturels, sans que ceux-ci profitent des retranchemens opérés sur leurs portions respectives.

Le législateur, après avoir déterminé les droits des enfans naturels, en pose la limite, pour empêcher des faiblesses nuisibles à la famille légitime. L'article 908 interdit toute donation entre-vifs, ou par testament, au-delà de ce qui est accordé à l'enfant naturel, au titre des successions.

L'article 760 exige l'imputation de tout ce qu'ils auraient reçu avant l'ouverture de la succession, sur les droits qu'ils peuvent y prétendre.

Les droits de l'enfant naturel ne peuvent être étendus ; mais la loi permet de les restreindre. Si, pour la tranquillité de leur famille, les père et mère ont de leur vivant donné à l'enfant naturel la moitié de ce qui lui est attribué par les précédens articles, celui-ci ne peut rien réclamer qu'un supplément, pour parfaire sa moitié. Mais les père et mère doivent avoir manifesté, par une déclaration expresse, la volonté de réduire les droits de leur enfant.

DE LA SUCCESSION AUX ENFANS NATURELS.

Il ne s'agit pas ici de la succession aux enfans naturels, qui sont devenus, par le mariage, auteurs d'une famille légitime ; car ils tranmettent à celle-ci leur fortune, suivant les principes des successions régulières.

Il faut supposer que l'enfant naturel n'a pas laissé de postérité légitime. Nous retombons alors dans les successions irrégulières et dans les règles spéciales qui déterminent les droits attachés à la parenté naturelle. Ces droits sont réglés par l'article 765 qui, à défaut de postérité, appelle les père et mère qui ont reconnu l'enfant, et par l'article 766 qui, a défaut de ceux-ci, appelle les frères et sœurs naturelles et leurs descendans.

Un droit de succession tout particulier est, de plus, réservé aux frères et sœurs légitimes de l'enfant naturel. Ce droit est subordonné aux mêmes conditions et soumis aux mêmes principes que le droit de l'ascendant donateur (766).

DE LA SUCCESSION DU CONJOINT ET DE L'ÉTAT.

Après les enfans naturels et ceux qui leur succèdent, la loi ouvre un droit de succession au conjoint survivant. Entre deux époux, il n'y a aucun lien de parenté ; mais le mariage établit de tels rapports d'affection et d'intimité, que le Droit romain, le Droit coutumier, le Code civil, se sont accordés tour à tour a donner un droit de succession à celui des conjoints qui survit à l'autre.

Enfin après tous les autres, l'État succède par droit de déshérence (579, 768).

DES DROITS ET OBLIGATIONS DES SUCCESSEURS IRRÉGULIERS.

Nous avons vu que les successeurs irréguliers n'ayant pas la saisine étaient obligés de se faire envoyer en possession. Mais pour garantir les droits des héritiers ou même des successeurs irréguliers qui pourraient se présenter plus tard, la loi prescrit avant l'envoi en possession plusieurs mesures importantes : l'apposition des scellés, l'inventaire, les affiches et publications. Toutes ces formalités sont exigées à peine de dommages et intérêts.

La demande d'envoi en possession se forme par une requête, et le tribunal prononce sur les conclusions du Procureur du Roi, sans que les successeurs irréguliers soient tenus de prouver qu'il n'y a pas avant eux d'héritiers ou de successeurs. Le législateur devait ordonner des mesures conservatoires; mais il ne pouvait exiger une condition impossible.

L'envoi en possession se divise en deux périodes tout-à-fait distinctes : pendant la première, qui dure trois ans, les successeurs irréguliers, considérés comme simples administrateurs, doivent garantir la restitution du mobilier par un emploi ou par une caution; ils ne peuvent aliéner les immeubles et doivent tenir compte des dégradations commises. Pendant la seconde période, qui commence après les trois ans, les successeurs irréguliers, considérés comme propriétaires sous condition résolutoire, peuvent aliéner les immeubles; mais sans conférer plus de droits qu'ils n'en ont eux-mêmes : ils ne répondent plus des dégradations, et gagnent incontestablement les fruits perçus.

THÈSES.

1. La part du père ou de la mère renonçant accroît aux frères et sœurs.

2. L'ascendant ne succède pas aux choses par lui données, lorsque le donateur laisse un enfant adoptif.

3. L'enfant naturel empêche la réversion, dans la proportion du droit que la loi attribue aux enfans naturels, sur les biens de leur père.

4. L'ascendant ne recueille pas les choses par lui données, dans la succession des enfans du donataire, morts eux-mêmes sans postérité.

5. L'ascendant donateur ne succède pas à l'argent comptant, et aux choses fongibles, lorsqu'il y a eu confusion.

6. L'enfant naturel a droit à une réserve.

7. Les père et mère de l'enfant naturel n'ont pas droit à une réserve.

8. L'enfant naturel a droit de demander le rapport à l'héritier légitime.

PARIS. IMPRIMERIE DE LEBÈGUE, RUE DES NOYERS, 8.